Publiés par Souscription.

Prix 25.f

Propriété de l'Auteur.

Déposé à la Direction.

A PARIS

Chez l'Auteur, Rue Buffault, N.º 2.

et Chez H. Lemoine, Éditeur, M.d de Musique, Rue de l'Echelle N.º 9.

Gravé par M.lle A. Moreaux.

1821.

LISTE DES SOUSCRIPTEURS,

PAR ORDRE ALPHABÉTIQUE.

SON EXCELLENCE LE MINISTRE DE L'INTÉRIEUR. (30 *Exemplaires.*)

L'ÉCOLE ROYALE DE PARIS. (4 *Ex.*)

Monsieur le Chevalier ABBATUCCI.
Madame ACHARD.
Mademoiselle MINA ACHARD.
Mademoiselle EMILIE ACHARD?
Monsieur CHARLES AMIC,
(à Grasse.)
Madame la Comtesse ANGLÈS.
Monsieur RAOUL ANGLÈS.
Monsieur ANSON,
(compositeur et professeur de piano.)
Monsieur JOSEPH ARMAND
(de l'Académie royale.)
Monsieur ATRAPART, (2 *Ex.*)
(du Théâtre royal italien.)
Monsieur AUZOU,
(de l'Académie royale.)

Monsieur BACQUET.
Monsieur BARBETTE.
Madame ANSELME DE BARANTE.
Monsieur BARSOTTI,
(à Marseille.)
Monsieur BARTHELEMY.
Madame BECK,
(Professeur de chant et de harpe.)
Monsieur BINNS.
Monsieur BOCHET fils.
Monsieur DE BRANVILLE.
Monsieur DE BRÉMONT
Monsieur BRUNET, (4 *Ex.*)
(Banquier.)
Monsieur SALVATOR CALLAUT,
(Harpiste de l'Académie royale et du Théâtre royal italien.)
Monsieur CASTELNAU.
Mademoiselle CHANUEL,
(Professeur de piano.)
Madame la Comtesse CHARPENTIER.
Monsieur CHATET.
Monsieur CHOL jeune,
(de l'Académie royale et de la Chapelle.)
Monsieur CHORON, (4 *Ex.*)
(inventeur d'une méthode et directeur d'une école de musique.)
Madame COLLIÈRE,
(Professeur de piano.)
Monsieur COSTE aîné,
(Professeur à Perpignan.)
Monsieur COTTEREAU
Monsieur DE COUSSY,
(Agent de change.)
Monsieur THÉODORE CRÉTU.

Monsieur DAVID.
Madame DELALEAU.
Monsieur DELCAMBRE jeune,
(de l'Académie royale, Professeur à l'École royale et de la Chapelle du Roi.)
Madame DELAREMANICHERE.
Monsieur EMILE-PARIS DELATOUR.
Monsieur DERBAN fils aîné.
Madame DIDELOT.
Monsieur DOLIVE,
(Compositeur et Professeur de piano.)
Madame la Comtesse DUPONT.
Madame DUMAY,
(Institutrice.)
Monsieur DUPUIS.

M. le Baron P. DE LA FERTÉ,
(pour l'École royale.)
Madame DE LA FERTÉ.
Madame FLACH,
(Institutrice.)
Madame FISTER.
Monsieur HIPPOLYTE DE FONTMICHEL.
Monsieur FRANCŒUR,
(Professeur de mathématiques.)
Monsieur FREY, (6 *Ex.*)
(de l'Académie royale, et éditeur de musique.)

Monsieur GALIN,
(Inventeur du Méloplaste, et directeur d'une école de musique.)
Monsieur GAMBARO,
(du Théâtre royal italien, et éditeur de musique.)
Monsieur GENS,
(1er. violon du Théâtre de Bruxelles.)
Monsieur GIRARD,
(Professeur de violon.)
Monsieur GOUBAUT
(Instituteur.)
Madame DE GRAMMONT, (2 *Ex.*)
(Née de RENAUD D'ALLEN, professeur de chant, et directrice d'une école de musique.)
Madame GRAND
Madame GUERBOIS,
(Institutrice.)
Monsieur ALBERT GUILLON,
(Professeur de musique.)
Monsieur CORENTIN HABENECK, (2 *Ex.*)
(de l'Académie royale.)
Monsieur AUGUSTE HIX.
Mademoiselle INGUERLOT.

Monsieur JANET, *(Marchand de musique du Roi.)*

Madame DE JOGUET

Madame la Baronne DE JOINVILLE.

Monsieur LABOULE, *(à l'Inspection.)*

Monsieur GEORGES LA FAYETTE. (2 *Ex.*)

Mademoiselle NATALIE LA FAYETTE.

Mademoiselle MATILDE LA FAYETTE.

Madem. CLÉMENTINE LA FAYETTE.

Madame la Comtesse DE LAGRANGE (TALHOUET.)

Madem. CAROLINE DE LAGRANGE (TALHOUET.)

Madame la Baronne DE LAMOTTE.

Monsieur le Comte DE LANDOS.

Madame DE LAUBEPIN.

Monsieur CHARLES LE CAMUS.

Monsieur HENRY LEMOINE, (2 *Ex.*) *(Professeur de piano, éditeur de musique.)*

Monsieur LEROY, *(Professeur à Saint-Étienne.)*

Monsieur BUISSON L'ESPRIT, *(Professeur à Draguignan.)*

Madame LETISSIER.

Monsieur LEVASSEUR, *(Professeur de piano.)*

Madame LHUILLIER, *(Professeur de chant, et directeur d'une école selon la méthode de Massimino.)*

M. HIPPOLITE DE LA LISIER.

Monsieur MAINEBEAU. *(Directeur d'une école selon la méthode du Méloplaste, à Bordeaux.)*

Monsieur A. MALHERBE.

Monsieur MARCOU, *(Instituteur à Rhodez.)*

Monsieur MARIN, *(Libraire à Dijon.)*

Monsieur MARY.

Monsieur MASSIMINO, (2 *Ex.*) *(Inventeur d'une méthode et directeur d'une école de musique.)*

Monsieur MATHIEU, *(Maître de musique de la cathédrale de Versailles.)*

Madame CHARLES DE MAUBOURG.

Madame DUPLEIX DE MÉZI.

Madem. CAROLINE DE MÉZI.

Madame MIGNERON, (4 *Ex.*) *(Directrice de la maison d'éducation sous la protection spéciale de S. A. la Duchesse d'Orléans.)*

Monsieur MOREAU, (2 *Ex.*) *(Professeur de chant, et de la Chapelle du Roi.)*

Madame MOUNIER.

Madem. PHILIPPINE MOUNIER.

Madem. ADRIENNE MOUNIER.

Madem. ALBERTINE MOUNIER,

Monsieur BENOIT MOZIN, *(Professeur de piano.)*

Monsieur MOZIN fils, (12 *Ex.*) *(Professeur à Tours.)*

Monsieur le Comte DE MURAT, *(Préfet du département des Côtes-du-Nord.)*

Monsieur GEORGES NÉ *(de l'orchestre de l'Opéra-Comique.)*

Madame AUGUSTE PASQUIER.

Monsieur PASTOU, *(Professeur de violon et de guitare.)*

Madame ALEXANDRE PERRIER.

Madame JOSEPH PERRIER.

Madame SCIPION PERRIER.

Monsieur PETIT, *(Agent de change.)*

Monsieur PETIT, *(Docteur en médecine.)*

Monsieur PILATTE, *(de l'Académie royale.)*

Madame PLACE, *(Institutrice.)*

Monsieur PLANTADE, *(Maître de Chapelle du Roi.)*

Monsieur CHARLES PLANTADE, *(de la Chapelle du Roi.)*

Monsieur le Duc DE PRASLIN.

Monsieur PROVOST, *(Attaché au palais du Luxembourg et de la chambre des Pairs.)*

Monsieur PRUNEL, *(de l'Académie royale.)*

Monsieur RAGON.

Monsieur DE RAYNEVAL, (3 *Ex.*) *(Sous-Secrétaire d'état au Département des Affaires étrangères.)*

Monsieur SAINTE REINE.

Monsieur CHARLES ROBIN.

Monsieur JULES ROBIN.

Monsieur ROCHEFORT, *(Ancien chef d'orchestre de l'Académie royale et pensionnaire du Roi.)*

Monsieur HIPPOLITE ROCHEFORT, *(de l'Académie royale.)*

Monsieur ROUGET de Lille.

Monsieur SUDRE, *(Professeur et marchand de musique à Toulouse.)*

Monsieur SUPERVIELLE, *(à Airvault.)*

Monsieur TANNERAT.

Monsieur TARIOT, *(Professeur et attaché à la Chapelle.)*

Monsieur THOMAS, *(Professeur et Marchand de musique à Metz.)*

Mme la Cse DESTUTT DE TRACY.

Madame VICTOR DE TRACY.

Monsieur TULOU, *(de l'Académie royale.)*

Madem. VICTORINE TULOU

Monsieur VARLET, *(Professeur.)*

Monsieur VAVIN.

Monsieur VERDIGUIER, *(de l'Académie royale.)*

Monsieur VERNIER, *(1er Harpiste de l'Académie royale.)*

Madem. ERNESTINE DE VOUGY.

Monsieur B. WILHEM, (6 *Ex.*) *(Professeur de l'École modèle de chant élémentaire du Département de la Seine.)*

PRÉFACE.

Cᴇᴛ Ouvrage, propre à toutes les méthodes, et uniquement consacré à la pratique de la Musique, se compose d'une série de solféges ou morceaux à trois et quatre parties, faits pour être exécutés avec la voix en nommant les notes.

Il est destiné aux personnes qui veulent faire de bonnes études musicales, et a pour but non seulement de les familiariser avec les sons et les signes convenus, mais encore de les former à l'exécution des morceaux d'ensemble.

La simplicité des premières leçons qui sont à la portée des commençans, et la gradation observée ensuite dans l'exposition des difficultés, le rendent susceptible de faire la base d'un cours.

Les Professeurs, qui ont leurs solféges, peuvent ne l'admettre que comme accessoire, et l'employer, alors, seulement pour le chant à plusieurs parties.

Il présente une espèce de tableau des principaux caractères de Musique ancienne et moderne. Par ce moyen, habituant les élèves en même tems aux combinaisons de sons et aux différens styles, il les conduit progressivement jusqu'au point de pouvoir lire facilement les partitions ou la musique instrumentale la plus compliquée.

Toutes les nuances y sont indiquées et les clefs disposées de manière à ce qu'on puisse n'apprendre que celles qui sont indispensables, ou les étudier toutes.

Il est terminé par un Cantique, sur des paroles françaises; écrit pour un premier dessus ou soprano seul, et des chœurs avec accompagnement de Piano ou Harpe, (la partie de harpe se vend séparément) Pour mieux soutenir les voix, il serait bien de doubler l'un ou l'autre de ces instrumens, ou bien de les unir.

Quant à l'accompagnement de Piano qui est sous les solféges, les personnes qui le trouveront trop compliqué, relativement à leur force, pourront le simplifier sans inconvénient, et celles qui ne touchent point de cet instrument, pourront extraire de la basse une partie de violon ou violoncelle, ou se servir d'un accompagnateur.

L'explication de la théorie et la définition des termes faisant partie des attributions du Professeur, on a cru devoir les supprimer, et laisser à chacun le soin de les exposer selon sa méthode et les facultés des élèves.

Enfin, également convenable aux classes nombreuses ou aux leçons particulières, cet ouvrage offre la possibilité d'allier ces deux modes d'enseignement, et de faire marcher parallèlement l'étude du chant à une et à plusieurs voix.

Pour cela, il faut d'abord faire étudier à chacun toutes les parties de chaque morceau; ensuite, lorsqu'un certain nombre de morceaux ont été suffisamment appris, il faut les faire exécuter par plusieurs individus ou par plusieurs classes de sexe différent, et distribuer alors les parties selon la nature des voix.

Ces réunions périodiques rompent la monotonie des leçons particulières, excitent une salutaire émulation, et attachent à l'étude de la Musique par le plaisir de l'exécuter, plaisir bien plus vif encore que celui de l'entendre.

Elles offrent aux élèves des occasions fréquentes de combattre de bonne heure et de vaincre à la longue cette déplorable timidité qui paralyse jusqu'aux plus grands talens.

Ces réunions enfin, consacrées, après l'étude des solféges, à l'exécution des chefs-d'œuvres de tous les tems et de tous les pays, sont un moyen sûr et facile de propager le goût de la bonne Musique.

Gamme.

2.
N.º 2.
LARGO.
1.ª Soprano.
2.do Soprano.
Tenore.
Basso.
Piano.

6
N.º 3.
Soprano.
Tenore.
Basso.
Piano.
ANDANTE CANTABILE.
Cres.
Cres.
Cres.
Cres.
Cres.
Cres.
decres.
decres.
decres.
decres.
Subito alla
1.ma Variazione.

PP
PP
PP
PP
sf sf
sf sf
sf
sf
V.S. alla 2.ᵈᵃ Var.

Staccato.
pp
Legato.
pp
Staccato.
pp
pp
pp
sf
sf
sf

Staccato.
Staccato.
Staccato.

Legato.
Legato.

Gamme.
ADAGIO.
N.° 4.
Soprano.
Tenore.
Basso.
Piano.

N.º 5.
1.º Soprano.
2.º Soprano.
Tenore.
Basso.
Piano.
LARGO.
p
p
p
p
p
p
Tremolendo.

pp
Mezzo forte.
pp
Mezzo forte.
pp
Mezzo forte.
Mezzo forte.
Mezzo forte.
Mezzo forte.
Cres.
Cres.
Cres.
Cres.
Cres.
Cres.
f
f
f

N.º 6.
MODERATO.
Soprano.
Tenore.
Basso.
Piano.
pp
pp
pp
pp

Legato.
cres
cres
cres
cres
legato
cres
cres
cres
cres
cres
cres

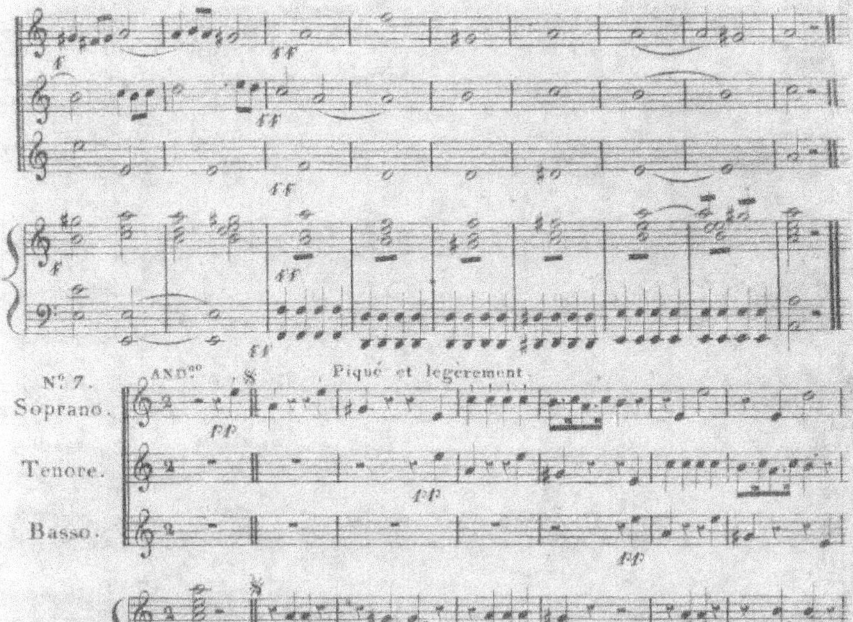

N.º 7.
AND.º
Piqué et legerement
Soprano.
Tenore.
Basso.
Piano.
PP
PP
PP
PP
PP
PP
PP
PP

20
N.º 8.
ADAGIO CANTABILE. Trois voix seules.
Soprano.
Tenore.
Basso.
Piano.
Solo.
pp
pp
pp
pp
Tutti.
Sostenuto.
f
Tutti.
Sostenuto.
f
Tutti.
Sostenuto.
f
Solo.
pp
Solo.
pp
Solo.
pp
pp
pp

Tutti
ff
Tutti
ff
Tutti
ff
ff
ff
f
f
f
f
f
sf
Diminuendo.
sf
Diminuendo.
f
Diminuendo.
Piu mosso.

N.º 9
Soprano
Tenore
Basso
Piano
ADAGIO
ADAGIO
p
p
p
p
cres
cres
cres
cres
rinf
rinf
rinf
rinf

ALLEGRETTO GRAZIOSO.
N° 10
Soprano
Tenore
Basso
Piano
Soli

cres
cres
cres
cres
cres
ANDANTE GRAZIOSO.
N.º 11.
1.º Soprano.
P e Espressivo.
2.do Soprano.
P e Espressivo.
Tenore.
P e Staccato.
Basso.
P e Staccato.
Piano.
P Espressivo.
P e Staccato.

1re. Fois.
2e. Fois.

pp
pp
pp
pp
pp

con dolcezza
pp
con dolcezza
pp
pp
con dolcezza
pp

morendo
morendo
morendo
morendo

Gamme.

ALLEGRO MODERATO.
Nº 13.
1ª Soprano.
2ᵈ Soprano.
Tenore.
Basso.
Piano.

dolce
dolce
pp
pp
pp
pp
f
f
f
f
f
f

ADAGIO.
N.º 14.
1.º Soprano.
2.do Soprano.
Tenore.
Basso.
Piano.

MODERATO.
cres
cres
cres
cres
PP
PP
PP
PP
PP
PP

stretta più mosso.

Gamme.

ADAGIO.
N.º 15.
Soprano.
Tenore.
Basso.
Piano.
p
p
p
f
f
f
p
p
f
decres
decres
decres
decres

N.º 16.
ADAGIO CANTABILE.
1.º Soprano.
2.do Soprano.
Tenore.
Basso.
Piano.
ANDANTINO.

A deux parties.
con gusto.
Soprano.
Tenore
e
Basso.
Piano.

a Quatre
1º Soprano.
2do Soprano.
Tenore.
Basso.
Piano.

cres
cres
cres
cres
cres
cres

Gamme.
N.º 17.
Soprano.
Tenore.
Basso.
Piano.
ANDANTE.
cres
cres
cres
cres
cres

f
f
f
f
Diminuendo.
pp
Diminuendo.
pp
Diminuendo.
pp
Diminuendo.
pp
Diminuendo.
pp

ANDANTE.
Lamentabile.
1º Soprano.
2do Soprano.
Tenore.
Basso.
Piano.
Con espressione.
Con espressione.
Cantabile

Gamme.

N.º 19.
CANTABILE.
Soprano.
p
cres
f
Tenore.
p
cres
Basso.
p
cres
f
Piano.
p
cres
f
p
cres
decres
p
decres
p
decres
p
decres
p
decres
p

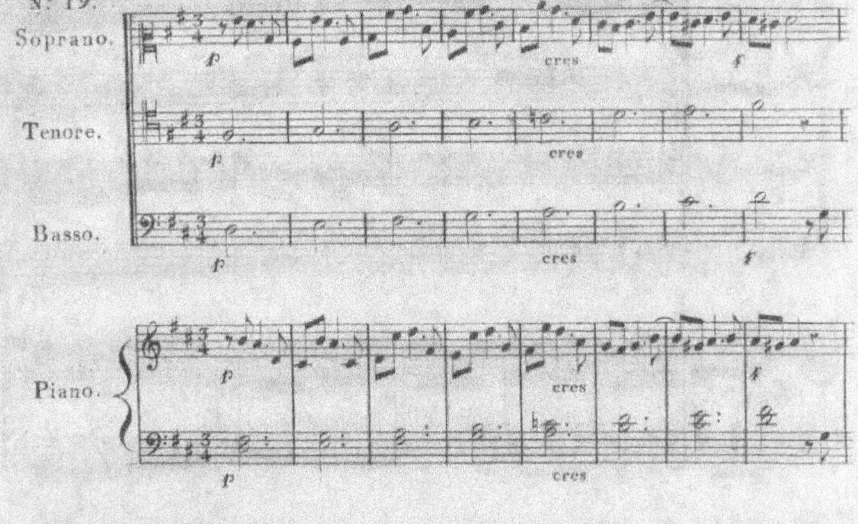

N.º 20.
ADAGIO.
1.ª Soprano.
2.do Soprano.
Tenore.
Basso.
Piano.

ALLEGRO AGITATO.

N.º 21.
Soprano.
Tenore.
Basso
Piano.
ADAGIO
Gamme.
p
p
p
p
p
sf
sf
sf
sf
sf
sf
sf
sf

N.º 22.
1.º Soprano.
2.do Soprano.
Tenore.
Basso.
Piano.
ALLEGRO VIVACE   Tempo di Minuetto.
1.re Fois.   2.de F.s

f
p
f
p
f
p
Cres
Cres
Crés
Cres
Cres
p
p
p
Cres
Cres

Cres
Cres
pp
Cres
pp
Cres
pp
pp
Cres
Cres
pp
Cres
ff
ff
ff
ff
ff
ff
TRIO.
ff
ff
ff

Cres
Cres
Cres
Cres
Cres
Cres
p
p
p
p
f
f
f
f

f
f
f
p   Cres
p   Cres
p   Cres
p   Cres
f
Cres
Cres

pp
Cres
pp
Cres
pp
Cres
f
pp
Cres
f
Cres
f

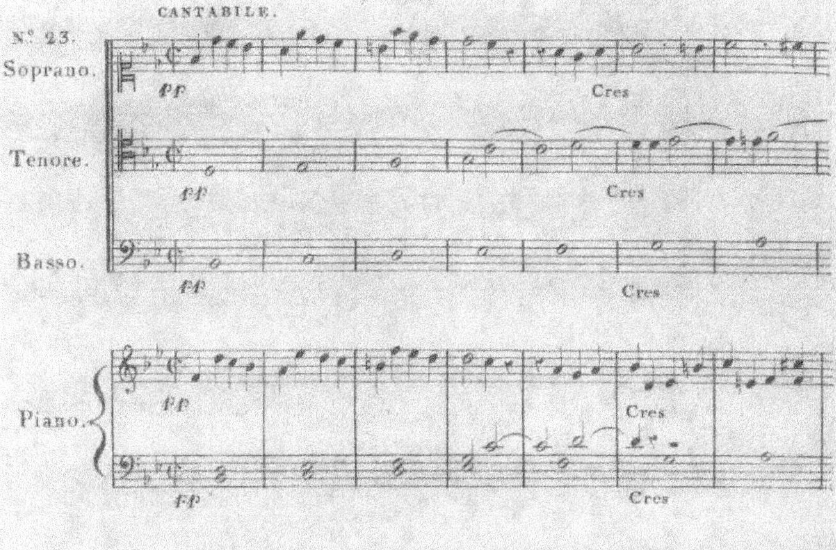
CANTABILE.
N° 23.
Soprano.
Tenore.
Basso.
Piano.
pp
Cres
pp

N.º 24.
ALLEGRO.
1.º Soprano.
2.do Soprano.
Tenore.
Basso.
Piano.

f
f
f
f
f
cres
cres
cres
cres
cres

f
p
f
p
f
p
f
p
f
p
f
p
cres
sf
p
cres
sf
p
cres
sf
p
p
cres
sf
p
cres
sf
p

f
pp
f
pp
f
pp
f
f
pp
pp
pp

cres
cres
cres
cres
cres
cres

cres
sf
p
cres
sf
p
cres
sf
p
cres
sf
p
cres
sf
p

cres.
cres.
cres.
cres.
cres.
cres.
cres.
cres.
sf f pp
sf f pp
sf f pp
sf f pp
sf f pp
sf f pp

N.º 25.   Aggiato.

Soprano.

Piano

N.º 26.
Soprano.
Basso.
Piano.
ANDANTE
Tempo di Bolero.
p Staccato.
p Staccato.
p Staccato.
p Staccato.
p Staccato.

CANTIQUE.

ADAGIO MAESTOSO.

Soprano Solo.
cres
rois cé-lé-brons la grandeur
1er Soprano.
cres
PP
Du roi des rois cé-lé-brons
2do Soprano.
cres
PP
Du roi des rois cé-lé-brons
Tenore.
cres
PP
Du roi des rois cé-lé-brons
Basso.
cres
Du roi des rois cé-lé-brons
cres
cres
il vient PP de - - - vant l'é-
la grandeur il vient PP de - - - vant l'é-
la grandeur il vient PP de - - - vant l'é-
la grandeur il vient PP de - - - vant l'é-
la grandeur il vient de - - - vant l'é-
PP
PP

_clat
de   sa magni _ _ _fi_
_clat
de   sa magni _ _fi_
_clat
de   sa magni _ _fi_
_clat
de   sa magni _ _fi_
_clat
de   sa magni _ _fi_
_cen_ce des so_leils   ré_pan_dus   dans l'em_py_ rée im_
_cen_ce   des so_leils   ré_pan_dus dans l'em_py_ rée im_
_cen_ce   des so_leils   ré_pan_dus dans l'em_py_ rée im_
_cen_ce   des so_leils   ré_pan_dus dans l'em_py_ rée im_
_cence   des so_leils   ré_ pan_dus dans l'em_py_ rée im_

men - - - - - - se
men - - - - - - se
men se
- - - men - - - se
- men - - - - - - se pâ - li - ra
pp
pâ - li - ra
pp pâ - li - ra la splendeur
pp pâ - li - ra la splendeur
la splendeur

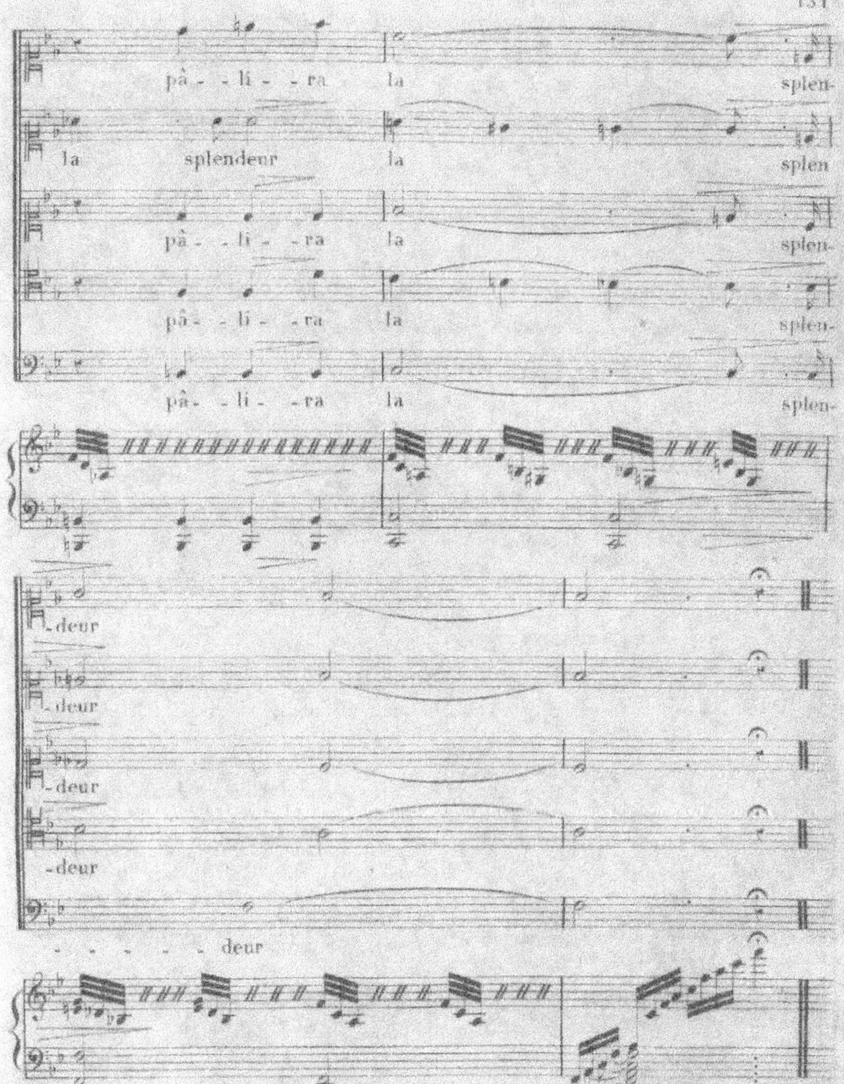
pâ - li - - ra la splen-
la splendeur la splen
pâ - li - - ra la splen-
pâ - li - - ra la splen-
pâ - li - - ra la splen-
-deur
-deur
-deur
-deur
- - - - - deur
a piacere
V. S.

ANDANTE MAESTOSO.
Soprano solo.
Piano.
Son ordre souve-rain a dit à la lu-miè-re pa-rais le feu sou-dain s'é-lan-ce et nous é-
claire et l'é-ternel-le nuit au jour qui la pour-suit cè-de et s'é-va-nou-
-it cè-de et s'é-va-nou-it
Son ordre souve-rain a dit à la lu-miè-re pa-
Son ordre souve-rain a dit à la lu-miè-re pa-
Son ordre souve-rain a dit à la lu-miè-re pa-
Son ordre souve-rain a dit à la lu-miè-re pa-

_rais le feu sou_dain s'é_lan _ _ _ce et nous é_clai_re du roi des
_rais le feu sou_dain s'é_lance et nous é_clai_re du roi des
_rais le feu sou_dain s'é_lance et nous é_clai_re du roi des
_rais le feu sou_dain s'é_lance et nous é_clai_re du roi des
rois du roi des rois cé_ lé_brons la gran_deur du roi des rois du roi des
rois du roi des rois cé_ lé_brons la gran_deur du roi des rois du roi des
rois du roi des rois cé_ lé_brons la gran_deur du roi des rois du roi des
rois du roi des rois cé_ lé_brons la gran_deur du roi des rois du roi des

Soprano Solo.

rois cé - lé - brons la gran - deur. Du haut des cieux ou -
rois cé - lé - brons la gran - deur.
rois cé - lé - brons la gran - deur.
rois cé - lé - brons la gran - deur.
_verts sa pa - rô - - - le fé - - con - - - de re - -
_ten - tit dans les airs elle enfan - - - - -te le mon - de et
sa brû - lan - te main lan - - çant un feu di - vin l'al - lume dans son

sein l'al...lu..me dans son sein
Du haut des cieux ou..verts sa pa-
Du haut des cieux ou..verts sa pa-
Du haut des cieux ou..verts sa pa-
Du haut des cieux ou..verts sa pa-
-ro....le fé..con...de re...ten..tit dans les
-ro....le fé..con...de re..ten..tit dans les
-ro....le fé..con...de re..ten..tit dans les
-ro....le fé..con...de re..ten..tit dans les

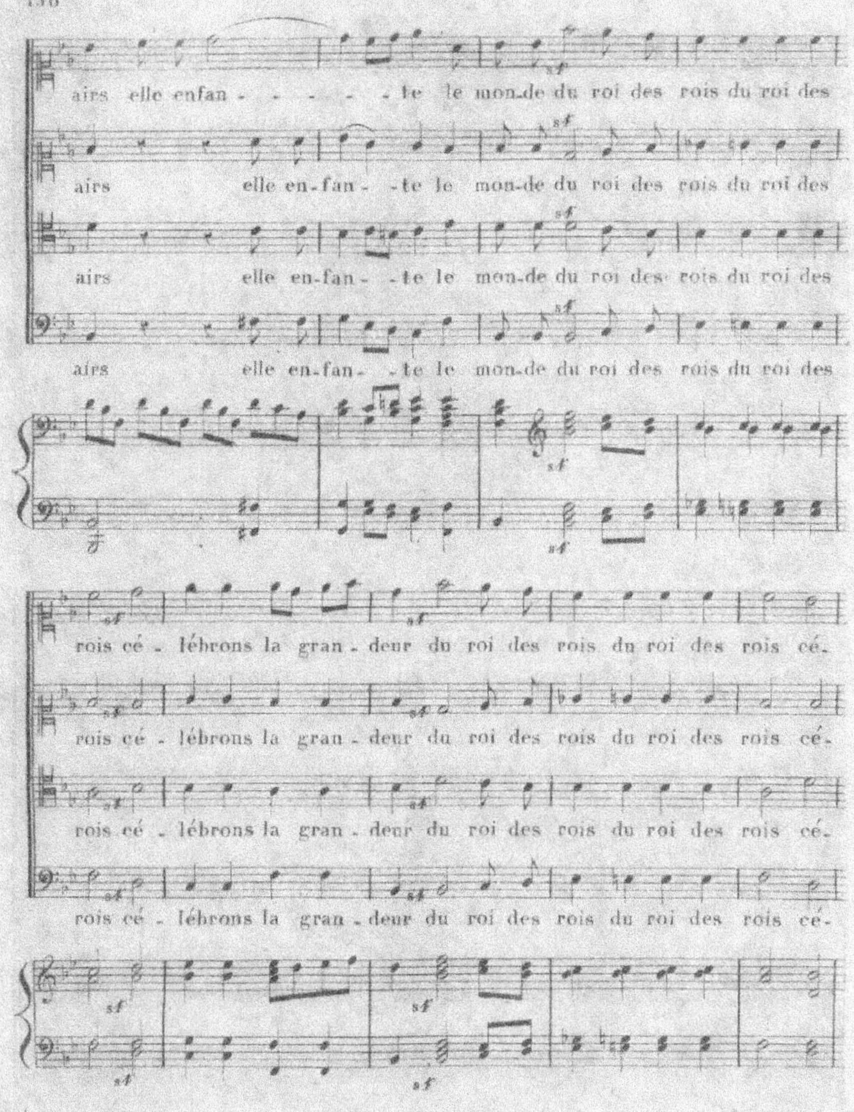
airs elle enfan - - - - - -te le mon-de du roi des rois du roi des
airs elle en-fan- -te le mon-de du roi des rois du roi des
airs elle en-fan- -te le mon-de du roi des rois du roi des
airs elle en-fan- -te le mon-de du roi des rois du roi des
rois cé - lébrons la gran - deur du roi des rois du roi des rois cé-
rois cé - lébrons la gran - deur du roi des rois du roi des rois cé-
rois cé - lébrons la gran - deur du roi des rois du roi des rois cé-
rois cé - lébrons la gran - deur du roi des rois du roi des rois cé-

Sop: Solo. Animé.
-lé-brons la gran-deur. Dans son fou-gueux é-
-lé-brons la gran-deur.
-lé-brons la gran-deur.
-lé-brons la gran-deur.
-ban la mer cou-vrait la pla- -ge il
dit à l'o- -cé- -an respec- -te ton ri-

_va _ _ _ ge dans son lit étonné vainement indi-gné le flot gron-de enchaî-
_né le flot gronde en-chaî _ né.
Dans son fou-gueux é_ _lan la
Dans son fou-gueux é_ _lan la
Dans son fou-gueux é_ _lan la
Dans son fou-gueux é_ _lan la

mer cou - vrait la pla - - ge il dit à l'o - cé -
mer cou - vrait la pla - - ge il dit à
mer cou - vrait la pla - - ge il dit à
mer cou - vrait la pla - - ge il dit à
All° Moderato.
-an respec - - - - te ton ri - va - ge
l'o - cé - an res - - pec - - te ton ri - va - ge
l'o - cé - an res - - pec - - te ton ri - va - ge
l'o - cé - an res - - pec - - te ton ri - va - ge gloi - re au très haut cé -
ff
ff

que son nom soit béni audela des
que son nom soit béni audela des
que son nom soit béni audela des
lébrons ses ou-vrages que son nom soit bé-ni que son nom soit béni audela des
tems et des â-ges gloire au très haut cé-lébrons ses ou-vra-ges que
tems et des â-ges
tems et des â-ges
tems et des â-ges

son nom soit be_ni que son nom soit bé_ni audelà de l'é_ter_ni_té
que son nom soit bé_ni audelà de l'é_ter_ni_té
que son nom soit bé ni audelà de l'é ter ni té
que son nom soit bé ni audelà de l'é_ter_ni_té
gloi_re au très
gloi re au très haut cé_lébrons ses ou_
gloire au très haut cé_lébrons ses ou_vra

pp gloi - re au très haut cé - lé - brons ses ou -
haut cé - lébrons ses on - vra - - - ges
- - - vra - - - ges que son
-ges cé - lé -
-vrages que son nom soit bé - ni au-de-là des tems et des a - -
que son nom soit bé - ni au de - là des tems et des a - -
nom soit bé - ni au-de - -là des tems et des a - -
-brons ses ou - vra - -ges que son nom soit béni au-de-là des tems et des

-ges
gloire au très haut célébrons ses ou-
-ges
gloire au très haut célébrons ses ou-
-ges
gloire au très haut célébrons ses ou-
-ages gloire au très haut célébrons ses ou - - - vra - - - - - - - -
-vra-ges
gloire au très haut cé-lébrons ses ou-
-vra-ges
gloire au très haut célébrons ses ou-
-vra-ges
gloire au très haut cé-lébrons ses ou-
-ges gloire au très haut célébrons ses ou - - vra - - - - - - -

-vra - ges
que son nom
-vrages que son nom soit béni que son nom que son
-vrages que son nom soit bé - ni que son nom que son
-ges que son
soit bé - ni gloire au très
nom soit bé - ni gloire au très
nom soit bé - ni gloire au très
nom soit bé - ni gloire au très haut célébrons ses ou - vra -

haut cé-lé-brons ses ou-vra-ges
haut cé-lé-brons ses ou-vra-ges
haut cé-lé-brons ses ou-vra-ges
ges gloire au très haut cé-lé-brons ses ou-
gloire au très haut cé-lé-brons ses ou-vra-ges que son nom soit béni
gloire au très haut cé-lé-brons ses ou-vra-ges
gloire au très haut cé-lé-brons ses ou-vra-ges
vra ges que son nom soit bé-

que son nom soit bé_
que son nom soit bé_
que son nom que son nom soit bé_
ni que son nom que son nom soit bé
_ni au_ _ _de_ _là au-de-là des tems au-de-là des
_ni au_ _ _de_ _là an-de-là des tems au-de-là des
_ni au_ _ _de_ _là au-de-là des tems au-de-là des
_ni au_ _ _de_ _là an-de-là des tems an-de-là des

tems et des â-ges au-de-_la de l'é-_ter-ni-
tems et des â-ges au_de-_la de l'é-_ter-ni-
tems et des â-ges au-de-_la de l'é-_ter-ni-
tems et des â-ges au-de-_la de l'é-_ter-ni-
più mosso
-té an-_de-là des tems et des â-ges au-_de-
-té an-_de-là des tems et des â-ges au-_de-
-té an-_de-là des tems et des â-ges au-_de-
-té an-_de-là des tems et des â-ges au-_de-

-là de l'é-ter- -ni-té au- -de-là des tems et des
cres
-là de l'é-ter- -ni-té au- -de-là des tems et des
cres
-là de l'é-ter- -ni-té au- -de-là des tems et des
cres
-là de l'é-ter- -ni-té au- -de-là des tems et des
cres
â ges au- -de- -là de l'é-
â ges au- -de- -là de l'é-
â ges au- -de- -là de l'é-
â ges au- -de- -là de l'é-

_ ter _ _ _ _ _ ni _ _ _ té que son
_ _ ter _ _ _ ni _ _ _ té que son
_ _ ter _ _ _ ni _ _ _ té que son
_ _ ter _ _ _ ni _ _ _ té que son
Sempre forte
nom soit bé _ ni au _ _ de _ là de l'é _ ter _ ni.
nom soit bé _ ni au _ _ de _ là de l'é _ ter _ ni.
nom soit bé _ ni au _ _ de _ là de l'é _ ter _ ni.
nom soit bé _ ni au _ _ de _ là de l'é _ ter _ ni.

-té que son nom soit bé _ ni au _ _ _ de _ _
-té que son nom soit bé _ ni au _ _ _ de _ _
-té que son nom soit bé _ ni au _ _ _ de _ _
-té que son nom soit bé _ ni au _ _ _ de _ _
-là de l'é-ter-ni _ té au - de-là de l'é _ ter-ni _ _ _ té.
-là de l'é-ter-ni _ té au - de-là de l'é _ ter-ni _ _ _ té.
-là de l'é-ter-ni _ té au - de-là de l'é _ ter-ni _ _ _ té.
-là de l'é-ter-ni _ té au - de-là de l'é _ ter-ni _ _ _ té.

* 9 7 8 2 3 2 9 2 2 2 3 0 1 *